共に生きる家庭科
自立を目指して

編著　全国特別支援教育・知的障害教育研究会

もくじ

1 家庭科で何を学習するのかな？ ･････････････････ 4
   1　中学生になって　　　　　　2　将来の職業を考えよう
   3　自立のために大切な「衣食住」　4　3年間で身につけたいこと

2 家庭で自分の役割を持とう！ ･････････････････････ 8
   1　自分の一日の過ごし方　　　2　自分がしている家庭の仕事
   3　家庭の仕事と自分や家族の役割　4　感謝の気持ちを伝えよう

3 生活している場所を詳しく知ろう！ ･････････････ 12
   1　家や学校のまわりを知ろう　2　お店や施設，そこではたらく人
   3　お店調べをしよう　　　　　4　発表しよう

4 自分で衣服の手入れをしよう！ ･･････････････････ 16
   1　きれいな衣服　　2　手入れの種類
   3　ハンカチにアイロンをかけよう

5 洗たく名人になろう！ ･････････････････････････････ 20
   1　洗たく機　　2　洗たく機を使ってみよう
   3　しあがりを見てみよう

6 布の小物をつくろう！ ･････････････････････････････ 24
   1　プレゼントをつくる　　　　2　針と糸の使い方
   3　小物をつくろう　　　　　　4　プレゼントをおくろう

7 バランスのよい食事で健康になろう！ ･･････････ 28
   1　食事の大切さ　　　　　　　2　栄養を学ぼう
   3　記録を見て考えよう　　　　4　食品の安全な保存

8 ピザパーティーを開こう！ ････････････････････････ 32
   1　おいしいピザ　　　2　ピザ生地をつくろう
   3　ピザをつくろう　　4　パーティーを開こう

9 上手な買い物をしよう！ ･･････････････････････････ 36
   1　買い物を楽しもう　2　よい買い物をするために
   3　お金の管理　　　　4　お店に行かないで，買い物をする

10 お店の仕事をしよう！ ……………… 40
1 いろいろなお店がある　　2 仕事の内容
3 あいさつ名人になるために　4 活動を発表しよう

11 高齢の方とお話ししよう！ ……………… 44
1 高齢者ってどんな人？　　2 高齢者が集まる施設に出かけよう
3 どんな話や遊びを楽しむ？　4 訪問をふり返って

12 カレーライスをつくろう！ ……………… 48
1 世界のカレー　　2 カレーライスのつくり方
3 カレーライスをみんなで食べよう

13 小さな子どもと遊ぼう！ ……………… 52
1 自分をふり返ろう　　2 子どもの成長
3 子どもとのふれ合い　4 体験したことをふり返ろう

14 おしゃれをしよう！ ……………… 56
1 身だしなみを整えよう　　2 おしゃれの基本
3 ＴＰＯとおしゃれ　　4 おしゃれを楽しもう

15 自分の将来を考えよう！ ……………… 60
1 将来の夢や目標　　2 はたらく自分
3 キャリアマップ　　4 自分の将来について発表する

マークに気をつけて学ぼう

学習のめあて　その学習項目で，身につけたい目標を確認するところ。

学習のふり返り　学習をふり返って，できるようになったことを確認するところ。

安全　けがや事故を防ぐために，気をつけるポイント。

注意　作業を上手に進めるために注意するポイント。

1 家庭科で何を学習するのかな？

> **学習のめあて**
> ・自分の成長や将来について考える。
> ・家庭科の学習内容を知る。

乳児期　幼児期　児童期　中学生

1 中学生になって

　小学生のころ，多くの人は，洗たくや調理，掃除など，自分の身のまわりのことは，お父さんやお母さんの世話になっていたでしょう。中学生になると，自分のことは自分で，また，家族の一員として家族のために，できることを少しずつ意識して，生活をすることが大切です。

　中学生になったばかりのみなさんも，やがては大人（社会人）になります。中学校は，大人（社会人）になるための準備をする時期です。

　大人（社会人）になると，多くの人ははたらいて生活をするようになります。将来，はたらいて人の役に立ち，自分らしい生活を楽しめる自立した大人（社会人）になるために，これから，自分でできることをふやしていきましょう。

2 将来の職業を考えよう

(1) 将来の夢のために

みなさんは，将来，どのような大人（社会人）になりたいですか。また，どのような職業につきたいですか。

花屋さん　　　パン屋さん　　　調理する人

お店の店員　　ビルを清掃する人　　野菜を栽培する農家の人

(2) 学級の友だちと，将来について話し合ってみよう

ほかの人の希望を聞いて，考えたこと書きましょう。

家庭科で何を学習するのかな？

❸ 自立のために大切な「衣食住」

中学校の家庭科では、おもに「衣服」「食事」「住居」に関することを学習します。自立に向かって、学んだことを日常の生活の中に生かし、自分自身でしようと努力することは大切なことです。

＜これから学ぶ内容＞

衣服とその着方	食事や調理	住まいやくらし方
清潔な衣服・整理 洗たくと アイロンかけ ボタンつけ かんたんなぬい物 身だしなみ （例） 洗たく物干し 防虫ざいで衣服の保管	調理 （カレーライス・ ピザづくり） 食品の保管 配膳 冷蔵庫の整理	住まいの清掃 住まいの管理 買い物 電球交換 庭の雑草とり

4 3年間で身につけたいこと

　中学校の家庭科で学習する「衣服」「食事」「住居」の内容がわかりましたか。自分の生活や行動を見つめて、将来のために、これからの3年間でがんばりたいことや、のばしたいこと、よりよくしたいことを下に書きましょう。

ボタンつけ

買い物

家の掃除

学習のふり返り

★自分の成長や将来について考えましたか。（◎　○　△）
★家庭科の学習内容がわかりましたか。（◎　○　△）
□衣食住の中で、いちばん興味のあることは何ですか。

●
●

家庭科で何を学習するのかな？

2 家庭で自分の役割を持とう！

学習のめあて
- 家庭の仕事の種類が，わかる。
- 自分や家族の立場を知り，役割を持つ。

1 自分の一日の過ごし方

一日，どのようなことをしているか，思い出してみましょう。
自分の一日の過ごし方（時間）を下の表へ記入して，右の4つの記号を入れてみましょう。

時　間	6時	7時	8時	9時	10時	11時	12時	13時	14時	15時	16時
書き方の例	起きる	朝食 トイレ	食器洗い	宿題	ダンス教室	→	帰宅 昼食	テレビ	パソコン	買い物	帰宅
記　号	○	○	●	■	＊	＊	○	＊	＊	●	●
学校へ行く日											
記　号											
休みの日											
記　号											

2 自分がしている家庭の仕事

(1) 家庭の中で，いつも，決まってしていること，たのまれたらすることを書き出してみよう

いつも，決まってしている家庭の仕事	たのまれたらする家庭の仕事

(2) 家庭の仕事をするときやした後の気持ちを話し合ってみよう

	17時	18時	19時	20時	21時～
	調理の手伝い	夕食	歯みがき入浴	テレビ	寝る
	●	○	○	＊	○

○ 食事・睡眠・トイレなど生活に必要な時間

＊ すきなことをする自由時間

● 自分と家族のために，家庭の仕事をする時間

■ 学習する時間

家庭で自分の役割を持とう！

3 家庭の仕事と自分や家族の役割

(1) 家庭の仕事の種類

家族が健康で気持ちよく過ごすためには、たくさんの仕事があります。下の絵のほかにどのような仕事があるか、考えてみましょう。

衣生活に関わること
- 洗たく物干し〔　〕
- ボタンつけ〔　〕
- くつ洗い〔　〕
- 衣装箱に防虫ざいを入れる〔　〕

食生活に関わること
- 買い物〔　〕
- 配膳〔　〕
- 冷蔵庫の整理〔　〕
- 生ごみをかたづける〔　〕

住生活に関わること
- 掃除機をかける〔　〕
- ふとん干し〔　〕
- 家の庭の雑草をぬく〔　〕
- 電球を交換する〔　〕

そのほか
- お金をおろす〔　〕
- ペットの世話をする〔　〕
- 水やりをする〔　〕
- 治療する〔　〕

(2) 家族のだれの役割か

上の仕事（絵）は、あなたの家では、だれ（お父さん・お母さん・自分…）がしているか、〔　　　〕の中に書いてみましょう。また、家の仕事をしないとどうなるか、考えてみましょう。

(3) 新しい家庭の仕事に，チャレンジしてみよう

新しい仕事をするときは，どんなことに気をつければよいのか，家の人から，教えてもらいましょう。

4 感謝の気持ちを伝えよう

家族は，助け合い，協力して生活をしています。できるようになったことを生かして，家族に感謝の気持ちを伝えましょう。

◎だれが？
　お母さん　　お父さん　　おばあちゃん　　お兄さん……

◎どんなことをしてくれた？
　毎日食事をつくってくれた
　勉強を教えてくれた

◎どのように伝える？
　ことばで伝える　　手紙を書く
　プレゼントをする
　役立つことをする

学習のふり返り

★家庭の仕事には，どのようなものがあるかわかりましたか。（◎　○　△）
★自分ができる仕事はふえましたか。（◎　○　△）
□これから家庭でどんな役割をしていきたいですか。

●
●

家庭で自分の役割を持とう！

3 生活している場所を詳しく知ろう！

> **学習のめあて**
> ・近くにどのようなお店や施設があるかを知る。
> ・お店について名前などを調べてまとめ，発表をする。

1 家や学校のまわりを知ろう

家や学校のまわりには，どのようなお店や施設があるか知っていますか。スーパーマーケット，コンビニエンスストア，パン屋や服屋などの買い物をするところ，病院や駅，レストラン，美容院などサービスを受けるところ，公園や遊園地など遊ぶところ，などいろいろあります。

家や学校のあるまわり（場所）には，どのようなお店や施設があるか，調べてみましょう。

また，それがあることで何が便利なのか，考えてみましょう。

2 お店や施設, そこではたらく人

(1) 絵を見て考えよう

①家のまわりには, どのようなお店や施設がありますか。

②どのような人が, はたらいていますか。

(2) グループで考えてみよう

あなたの学校のまわりには, どのようなお店や施設がありますか。グループで考えてみましょう。

生活している場所を詳しく知ろう！

3 お店調べをしよう

　みんなの話し合いで出たお店の中から、調べてみたいお店を一つ決めましょう。決まったら、インタビューカードをつくり、それを持ってお店調べに行きましょう。

(1) インタビューカードのつくり方
- お店の名前
- お店の種類
- 知りたいこと、聞きたいこと

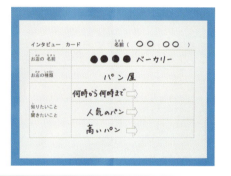

(2) インタビューでの注意
- はっきりした声で話す。
- お店の人に、インタビューしてよいか、たずねる。
- 写真を撮ってよいか、たずねる。

- ほかのお客さんのじゃまにならないようにする。
- 最後にお礼をいう。　など

(3) インタビュー本番
　聞いたことは、その場でインタビューカードに書きましょう。

(4) まとめ
　お店カードに清書しましょう。また、そのお店があることで、何が便利なのか考えましょう。

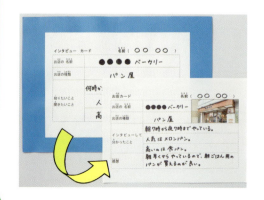

4 発表しよう

お店カードができたら、みんなで大きな地図をつくりましょう。完成したら、みんなの前で発表しましょう。

発表が終わったら、教室や廊下の壁に、地図とお店カードをはるとよいですね。いろいろな人に見てもらって、あなたのおすすめのお店を紹介しましょう。

学習のふり返り

★家や学校のまわりに、どのようなお店や施設があるかわかりましたか。
（◎　○　△）

□インタビューしたお店では、どのようなことがわかりましたか。友だちが発表した中で、気になるお店はありましたか。

●

※家のまわりにはどのようなお店があるか、家の人といっしょに調べてみましょう。

生活している場所を詳しく知ろう！

4 自分で衣服の手入れをしよう！

> **学習のめあて**
> ・衣服の手入れの種類と方法を知る。
> ・アイロンかけの方法を知り，安全に気をつけて実せんする。

1 きれいな衣服

みなさんがいつも着ている服のことを「衣服」といいます。衣服には，Ｔシャツ，Ｙシャツ，ズボン，スカート，ジャンパーなど，たくさんの種類があります。

衣服は，季節や気温などに合わせて，長そでや半そでなどを組み合わせます。

きれいな衣服を着ることは，気持ちがよいですね。まわりの人から見ても，きれいな衣服は気持ちがよいものです。

きれいな衣服にするには，「手入れ」が必要です。自分でできる手入れの方法を知り，やってみましょう。

2 手入れの種類

衣服の手入れを紹介します。

(1) 洗たく

毎日の手入れ：洗たく機、手洗い、干す

特別な手入れ：染みぬき、クリーニング

(2) アイロンかけ

霧吹きなどで湿らせ、アイロンの熱で、しわをのばす

(3) ボタンつけ

針と糸を使ってつける

（4）ほころび直し：まつりぬいの場合

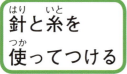
針と糸を使ってつける

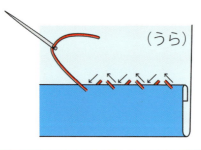
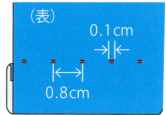

（5）たたみ方

 下着

 Tシャツ

 ズボン
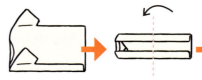

（6）しまい方

同じ種類ごとに入れる

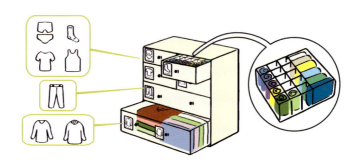

（7）虫よけ

長い間着ない衣服はタンスに防虫ざいを入れて保管する

❸ ハンカチにアイロンをかけよう

アイロンの練習として、ハンカチにアイロンをかけてみましょう。

＜準備する物＞
　ハンカチ（綿），アイロン，アイロン台，霧吹き（水を入れる）

＜手順＞
(1) アイロンを高温にする。
(2) ハンカチ全体に霧吹きで水をかけ，湿らせる。
(3) 下の図の赤矢印①→②→③の順に，ゆっくりアイロンをかけ，そのあとに青矢印の向きに，ゆっくりアイロンをかける。

(4) きれいにたたむ。

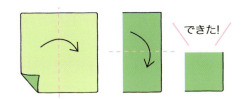

うまくできましたか。家族のハンカチにアイロンをかけると，喜ばれますよ。上手にできるようになったら，Ｙシャツやズボンのアイロンかけにも挑戦してみましょう。

学習のふり返り

★衣服の手入れには，いろいろな方法があることがわかりましたか。
　　　　　　　　　　　　　　　　　　　　　　（◎　○　△）
★やけどに注意しながら，アイロンかけができましたか。（◎　○　△）
※家でできそうな手入れに，取り組んでみましょう。

自分で衣服の手入れをしよう！

5 洗たく名人になろう！

> **学習のめあて**
> ・洗たく機を使って洗たくする。
> ・しあがりを観察する。

洗たくの目的　気持ちよく着るために

わたしたちが着ている衣服は, ほこりやどろ, 食べこぼしなどでよごれます。また, からだから出るあせやあぶら, あかなどもつきます。よごれたままにしていると, においやカビが発生したり, あせを吸収しにくくなります。気持ちよく着るためには, よごれをおとして清潔にすることが大切です。

1 洗たく機

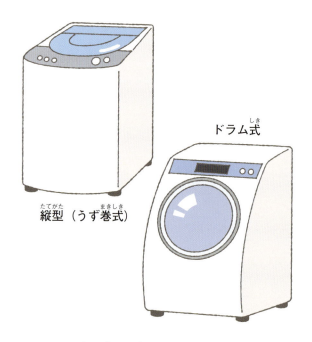

縦型（うず巻式）
ドラム式

洗たく機は, 一度にたくさんの洗たく物を洗うことができます。大きく分けると, 縦型（うず巻式）とドラム式の2種類があります。

どちらも, 洗たく物を入れて電源ボタンをおすと, 洗い方のコースや洗ざいの適量が表示されます。

コースは, 洗たく物の種類やよごれの程度に合わせて, 自分で設定することができます。洗たくが終わると, ブザーやメロディの音で知らせてくれます。

2 洗たく機を使ってみよう

(1) 準備

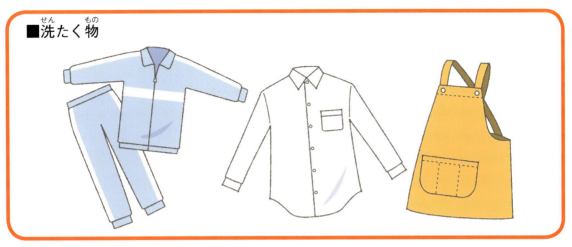

■洗たく物

■洗ざい
塩素系漂白ざい
酸素系漂白ざい
液体洗ざい
柔軟ざい

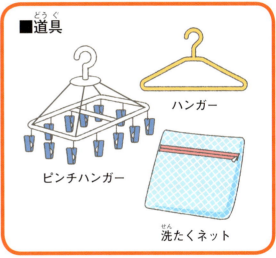

■道具
ハンガー
ピンチハンガー
洗たくネット

(2) 洗ざいを使うときの注意

洗ざいを入れすぎるとすすぎが不十分になり、洗ざいとよごれが洗たく物に残ってしまいます。また、川や海の水をよごす原因にもなります。洗ざいは、適量を使用しましょう。

> **注意**
> 「まぜるな危険！」
> ・酸性の洗ざいと塩素系の漂白ざいをまぜると有毒ガスが発生します。
> ・洗ざいは使用上の注意をよく読んで使用しましょう。

洗たく名人になろう！

(3) 手順

1 確認, 前処理 → 2 洗たく機にかける → 3 干す

1 確認, 前処理

❶ポケットを確認する。
中に入っている物を取り出し, 空にしましょう。

❷洗たく表示を確認する。

液温は40℃を限度とし, 洗たく機で弱い洗たくができる

液温は40℃を限度とし, 手洗いができる

家庭での洗たく禁止

❸ひどいよごれには前処理をする。
※えりやそで口などのよごれがひどい部分は, あらかじめ洗ざいをぬり, なじませてから洗たく機に入れましょう。

2 洗たく機にかける

洗い方コースを選んでスタート

❶電源ボタンをおす。
❷コースを選ぶ。
❸スタートボタンをおす。
❹洗ざいを入れる。必要におうじて, 柔軟ざいも入れる。
❺ふたをする。

〈工程〉
　洗い→脱水
　　→すすぎ→脱水
※コース設定は洗たく機によって異なります。洗たく時間, すすぎの回数, 脱水時間などの条件を選んで, 自由に設定することもできます。

3 干す

脱水が終わったら, すぐに干す

❶しわをのばす。
❷間隔をあけて, 風通しをよくする。

※時間がたつと, しわが取れにくくなったり, バクテリアなどの菌が繁殖したりして, においやカビの原因になります。

3 しあがりを見てみよう

洗たくビフォー・アフター

すっきり！ さっぱり！ においもよごれもおとせたかな？

ビフォー

運動着　　　　　Yシャツ　　　　　エプロン

よごれの状態は？　よごれの状態は？　よごれの状態は？
(　　　　　)　(　　　　　　)　(　　　　　　　)

⬇ 洗たくしたあとは、どうなりましたか。

アフター

	運動着	Yシャツ	エプロン
よごれ			
におい			
感触			

学習のふり返り

□ 洗たく機を使ってみて、成功したこと、失敗したこと、気がついたことなど感想を書きましょう。また、書いたものを発表し合いましょう。

-
-
-

洗たく名人になろう！　23

6 布の小物をつくろう！

> **学習のめあて**
> ・安全に注意して、小物をつくる。
> ・お世話になっている家の人へプレゼントをおくる。

1 プレゼントをつくる

　みなさんの身近にある物の中で、布でできている物は何でしょうか。わたしたちの生活の中には、布でできた物がたくさんあります。すきなかたちに布を切ってぬうことで、さまざまな物をつくることができます。

　家にある布を使って、かんたんにできる小物づくりをしましょう。そして、みなさんがお世話になっている家の人に、プレゼントをおくり、感謝の気持ちを伝えましょう。

2 針と糸の使い方

手ぬいの基本

(1) 玉結び（ぬい始め）

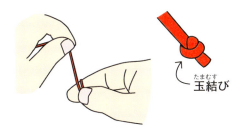

❶人差し指と親指で糸のはしを持ち、人差し指に1回巻く。
❷親指と人差し指をずらし、糸をより合わせ、中指でおさえる。
❸糸を強く引き、かたく結ぶ。

(2) 玉どめ（ぬい終わり）

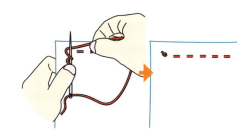

❶糸が出ている根元に針をあて、親指と人差し指でおさえる。
❷針に2・3回糸を巻き、巻いた糸を親指でおさえて針をひきぬく。
❸糸を少し残して、はさみで切る。

(3) なみぬい

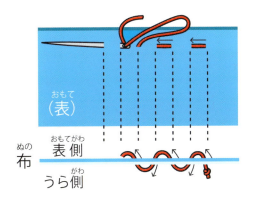

布のうらから針を通し、3〜4mm幅でうら表を同じ針目で、一直線にぬい続けていく。

(4) 本返しぬい

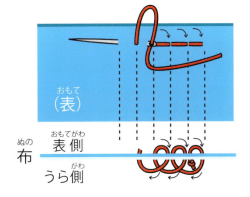

ひと針の針目を全部返す。返す針目が連続して、表側はミシンのぬい目のようになる。

布の小物をつくろう！

3 小物をつくろう

ポケットティッシュケース　材料：布（21cm×16cm），針，糸

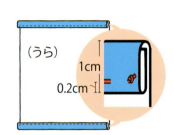

❶ 布のはしを3つ折りにし，0.2cmのところをなみぬいでぬう。

❷ 表を上に返す。

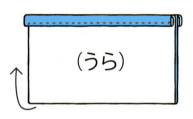

❸ 半分に折る。

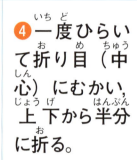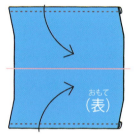

❹ 一度ひらいて折り目（中心）にむかい，上下から半分に折る。

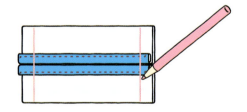

❺ チャコペンシルではしから1cmにしるしをつける。

❻ しるしの上はなみぬいで，ぬい始めとぬい終わりは返しぬいでぬう。

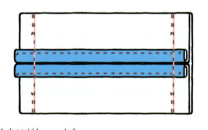

❼ 反対側も同じようにぬう。

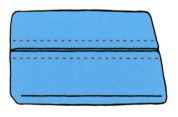

❽ ひっくり返して完成！

4 プレゼントをおくろう

(1) つくった作品を誰にわたすか考えよう

(2) ラッピングの準備をしよう

どんなものでラッピングする？

どれくらいの大きさ？
色は？　かたちは？

お礼のことば

ふだん伝えられない**感謝の気持ち**を書いてみよう！

(3) プレゼントをわたそう

　自分でつくった物を，お世話になっている人にプレゼントしましょう。日ごろの感謝の気持ちを伝えられるとよいですね。

学習のふり返り

★安全に小物づくりができましたか。（◎　○　△）

□「ポケットティッシュケース」をつくった感想を書いてみましょう。
　上手にできたこと，むずかしかったことを，みんなで発表してみましょう。

□プレゼントをおくった相手に，感想を聞いてみましょう。

●
●

布の小物をつくろう！

7 バランスのよい食事で健康になろう！

> **学習のめあて**
> ・栄養素を知り，バランスのよい食事を考える。
> ・食品の保存のしかたがわかる。

1 食事の大切さ

　食事は，わたしたちのからだを成長させ，元気に過ごしていくために大切です。また，一日3回食事をすることは，規則正しい生活リズムをつくります。「おいしくたのしい食事」は，からだも心も元気にしてくれます。

食生活チェック　できていたら，□にチェックをつけよう。（例）☑

□ 一日3食（朝・昼・夕）食べている

□ すききらいはない　　□ 毎日，元気である

2 栄養を学ぼう

　わたしたちは、生きていくうえで必要な成分（栄養素）を食事からとっています。毎日元気に過ごしていけるように、食品の中にふくまれる栄養素を知り、いろいろな食品を組み合わせて食事をしていきましょう。

食品の分類（6つの基礎食品群）

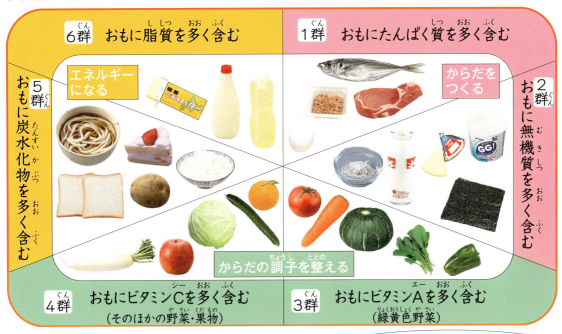

- 6群　おもに脂質を多く含む／エネルギーになる
- 1群　おもにたんぱく質を多く含む／からだをつくる
- 5群　おもに炭水化物を多く含む
- 2群　おもに無機質を多く含む
- 4群　おもにビタミンCを多く含む（そのほかの野菜・果物）／からだの調子を整える
- 3群　おもにビタミンAを多く含む（緑黄色野菜）

やってみよう　一週間の朝食の記録

食べた食品群に〇をつけよう

	朝食は食べたかな？	1群	2群	3群	4群	5群	6群
例	〇　・　×	〇	〇			〇	
月	〇　・　×						
火	〇　・　×						
水	〇　・　×						
木	〇　・　×						
金	〇　・　×						
土	〇　・　×						
日	〇　・　×						

バランスのよい食事で健康になろう！

3 記録を見て考えよう

　一週間の朝食の記録表を見て，気づいたことはありますか。全部の食品群に〇がついた人は，健康的な食事といえますね。足りない食品群があった人は，どんな料理を加えることで，全部に〇がつくか，友だちと話し合ってみましょう。

「黄色や赤色に比べると，緑色の〇が少ないな。」

「そんなときは，野菜や果物を食べるといいと思うよ。」

「サラダを一品増やしたらどうかな？」

（例）何を加えようかな？

副菜　主菜　主食　汁物

栄養士さんから話を聞こう

　みなさんが食べている給食は，栄養のプロである栄養士さんが栄養のバランスを考えてつくっています。
　元気で健康的に過ごすために，栄養士さんに話を聞いてみましょう。

4 食品の安全な保存

スーパーマーケットなどで買った食品は、右の絵のように、すぐに冷蔵庫に入れて保存しましょう。食品の入れすぎに気をつけ、ドアのあけしめはすばやくします。

また、賞味期限や消費期限を確認して使うことも大切です。自分でつくった料理も、正しく保存する必要があります。

正しく保存されていない食品を食べると、おなかをこわしたり、具合が悪くなったりします。気をつけましょう。

消費期限	賞味期限
消費期限 15.4.9 製造所固有記号　H/OSX　この日までに食べましょう。	賞味期限 16.11.4 製造　日　16.10.11 製造所固有記号　　A　この日までおいしく食べることができます。

つくった料理の保存のポイント

① きれいな容器に入れる。　② 熱いものは冷まして容器に移し冷蔵庫へ。　③ 温めなおして食べる。

学習のふり返り

★一日３回の食事をするとよい理由がわかりましたか。（◎　〇　△）
★バランスがよい食事を友だちと考えることができましたか。
　　　　　　　　　　　　　　　　　　　　　　（◎　〇　△）
★安全に気をつけた食品の保存についてわかりましたか。（◎　〇　△）

バランスのよい食事で健康になろう！

8 ピザパーティーを開こう！

学習のめあて
- ピザのつくり方を知る。
- 安全に注意して調理する。
- パーティーを計画して，実行する。

1 おいしいピザ

みなさんは，ピザを知っていますか。

ピザは，イタリアの料理で，小麦粉からつくった生地の上に，ソース，いろいろな野菜や肉などの具をならべて，焼き上げたものです。

ピザは，みんなで取り分けて食べることができるので，パーティーなどのメニューにぴったりです。

おいしいピザをつくって，パーティーをしてみませんか。どんな材料を使って，どんな味にしますか。

パーティーのお客さまにはだれを呼んで，どんなパーティーにしますか。楽しい会食となるパーティーを考えてみましょう。

ピザはイタリアの料理です

・ミラノ
ローマ・
ナポリ・

2 ピザ生地をつくろう

ピザの基本は，ピザ生地です。小麦粉をこねて，イースト菌でふくらませて，生地をつくります。材料と道具をそろえて，手をしっかり洗ってからつくり始めましょう。

■材料（ピザ生地2枚分）
- 強力粉 220g（2カップ）
- ドライイースト 3g（小さじ1）
- 塩 3g（小さじ1/2）
- オリーブオイル 4g（小さじ1）
- ぬるま湯 120mL

■道具
- ボウル
- ふるい
- めんぼう
- 計量カップ
- 計量スプーン
- ふきん

■つくり方

❶ 大きめのボウルに，強力粉をふるって，塩，ドライイーストを加えて軽くまぜる。

❷ オリーブオイルとぬるま湯を少しずつ入れてまぜる。

❸ 生地がなじむようにこねる。

❹ まとまった生地を何度か，ボウルのそこに打ちつけ，表面がなめらかになるようにする。

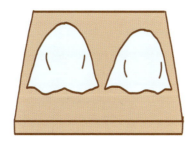

❺ 生地を分けて丸め，ぬれふきんをかけて，さらに20分間くらい常温でねかせる。

❻ 生地を好みの大きさにうすくのばしていく。

ピザパーティーを開こう！

3 ピザをつくろう

(1) トマトソースをつくろう

ピザは,トマトソースをぬった上にすきな具をのせてつくります。

■材料
ホールトマト 1缶, オリーブオイル 大さじ2
おろしにんにく 小さじ1, 塩 小さじ1/4

■道具
フライパン
木べら

❶フライパンに,オリーブオイルとおろしにんにく,塩,トマトを入れて,木べらでトマトをつぶす。

❷煮立ったらそのまま10分間煮つめ,塩を加えてまぜ合わせる。

(2) 具を準備して盛りつけよう

■材料（例）
マッシュルーム,たまねぎ,
ピーマン,スライスベーコン,
スイートコーン,ピザ用チーズなど

🛡安全 ■ほうちょうの使い方
ほうちょうは,えの部分をにぎり,食品をおさえる手の指先を丸めておさえる（50頁参照）。

ピザにのる野菜は,ほうちょうで切ります。ほうちょうは,えをしっかり持ちます。指を切らないように,指先を内側に少し丸めて材料を切りましょう。＊野菜などは,火が通りやすいようにうすく切りましょう。

❶ピザ生地にトマトソースをぬる。

❷切った具材をのせる。

❸最後にチーズをのせる。

(3) ピザを焼こう

オーブンを200℃に設定し,15分間焼きます。

⚠注意 ピザを取り出すときやスイッチを切った後も,しばらくは熱いので注意しましょう。

4 パーティーを開こう

(1) 準備をしよう

ピザのつくり方がわかったら，ピザパーティーを計画してみましょう。当日の司会やかざりつけ，食器の準備など，みんなで仕事を分担してやってみましょう。

(2) お客さまを招待しよう

お客さまを招待するために，パーティーの招待状をつくってみましょう。どんなパーティーをいつ，どこで開くか，わかるようにくふうしましょう。

(3) さあ，パーティーを始めよう

おいしくできたピザを囲んで，パーティーをしてみましょう。おもてなしの準備をして，お客さまを迎えましょう。

楽しく会食できるように、みんなで協力し合って，お客さまに喜んでもらえるとよいですね。

学習のふり返り

★ピザのつくり方がわかり，安全に調理できましたか。（◎　○　△）
★みんなで協力してパーティーができましたか。（◎　○　△）
□じょうずにできたこと，むずかしかったこと，次にチャレンジしてみたいことなどを発表してみましょう。お客さまの感想も聞いてみましょう。
●

ピザパーティーを開こう！

9 上手な買い物をしよう！

学習のめあて
- おこづかい帳を上手につけることができる。
- 買い物をする前に、相談することができる。

1 買い物を楽しもう

みなさんは今、何かほしい物がありますか。ほしい物を買うためにはお金が必要です。何にどうお金を使うのか、これまでの買い物を思い出しながら、まとめてみましょう。

2 よい買い物をするために

(1) 値段にまどわされない

お店に入り，値引されている物を，「安い！」といって，買ってしまうことはありませんか。

よく考えて買い物をしないと，すぐに使わなくなってしまいます。買い物をするときは，安い値段だけにまどわされることなく，目的を持って買えるようにしましょう。

(2) 買い過ぎないための注意

①本当に必要なものかどうかを考えよう。
・今持っている物はまだ使えないか。
・ほかの人やお店から借りられないか。

②買う前に，まず家の人に相談しよう。

③自分のお金がどれだけあるか，きちんと管理をしよう。

3 お金の管理

(1) おこづかい帳

ほしい物を買うために，必要なお金を，自分で管理できるようにしましょう。そのために，おこづかい帳をつけ，むだづかいしないように心がけましょう。

(2) おこづかい帳のつけ方

①ノートに定規で線をひく。
②一番上に項目を書く。
③お金をもらったり，使ったりしたときは，その日のうちに書きこもう。

項目は
①日付　　②内容
③入ったお金　④使ったお金
⑤残ったお金
これだけ書けばいいでしょう。

市販のおこづかい帳を使うと便利ですよ

＜おこづかい帳の例＞

日付	内容	入ったお金	使ったお金	残ったお金
	先月の残り			2,500円
7/7	りかちゃんと買い物（Tシャツ）		1,200円	1,300円
7/10	おこづかい	1,000円		2,300円
7/21	まんが		412円	1,888円

4 お店に行かないで，買い物をする

(1) 通信販売

お店に行かないで，テレビやインターネットを見て，ほしい物を電話やインターネットで注文し，購入できます。

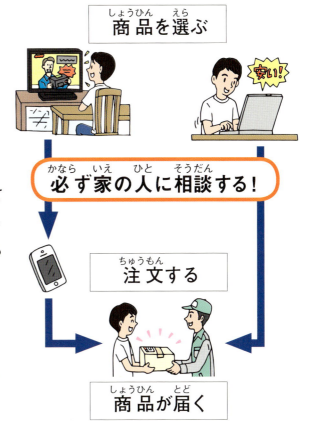

商品を選ぶ

必ず家の人に相談する！

注文する

商品が届く

利用するときの注意点！
① 実物を直接確認できないので，思っていた物とちがう物が届くことがある。
② お金を先にはらわせて，商品を送らない会社もある。

(2) 買う前に相談しよう

商品を直接見ないでインターネットやカタログなどで買い物をすることは，危険もたくさんあります。

ほしい物があるときは一人で決めず，必ず家の人にたのんだり，相談してから，買い物をしましょう。きっと，ほしい物が上手に買えるはずです。

学習のふり返り

★おこづかい帳を上手につけられるようになりましたか。(◎ ○ △)
□上手な買い物をするために，必要なことや注意点がわかりましたか。
●
＊買い物をする前に，必ず家の人に相談して上手な買い物をしましょう。

10 お店の仕事をしよう！

学習のめあて
- 髪や服装を整えることができる。
- お客さまへ元気にあいさつができる。
- お店の人へ報告ができる。

1 いろいろなお店がある

　学校や家の近くの商店街には，どのようなお店がありますか。パン屋，肉屋，八百屋，魚屋，お菓子屋，ラーメン屋，レストラン，コンビニエンスストア，スーパーマーケット，クリーニング店，理髪店，美容院などいろいろなお店がありますね。

　将来，大人になったら，どんなお店ではたらきたいですか。

　たくさんあるお店の中でも，コンビニエンスストアやスーパーマーケットには，いろいろな商品があります。お客さまも多いですね。スーパーマーケットで，はたらいてみたいですか。

2 仕事の内容

(1) どの売り場ではたらきたいか

　スーパーマーケットには，野菜，果物，惣菜，魚，肉，お菓子，パン，飲み物など本当に多くの商品売り場があります。みなさんは，どの売り場ではたらきたいですか。はたらきたい売り場と，選んだ理由も書いてみましょう。

はたらきたい売り場

（　　　　　　　　　　　　　　　　　　　　　　　　　　　）

選んだ理由

（　　　　　　　　　　　　　　　　　　　　　　　　　　　）

(2) スーパーマーケットの仕事

　売り場には，大切な仕事がいろいろあります。
① 商品を並べる。
② 大きな声でお客さまへあいさつする。
③ 「〜は新鮮です」など商品の
　かんたんな説明をする。
④ 買ったお客さまにお礼を伝える。
⑤ 買い物かごを整理する。
⑥ 掃除やかたづけをする。

お店の仕事をしよう！

3 あいさつ名人になるために

(1) あいさつと返事を上手にできるようになろう

お店で仕事をするときには、髪や服装などの身だしなみを整えることが大切です。お客さまには、

①姿勢を正して、笑顔で
②明るく、元気な声で
③「いらっしゃいませ」と
④おじぎをしながら

ていねいに、あいさつをしましょう。

買い物をしたお客さまには、「ありがとうございました」と、感謝の気持ちを伝えましょう。

お店の人には、朝「おはようございます」とあいさつをして、何か指示されたときは、「はい」としっかり返事をしましょう。

(2) 喜ばれる行動

高齢者や妊婦さんや小さな子どもも、お店に来ます。何か困った様子の人を見かけたときは、笑顔で、「何かお困りですか」と、声をかけてみましょう。

そして、聞いたことは、お店の人へ伝えましょう。お客さまへの思いやりは大切なことです。

お店の人には、「○○をしましょうか」と、自分から聞いたり、自分が行ったことをしっかり報告したりしましょう。

4 活動を発表しよう

(1) 仕事の記録

お店で仕事をした後に，自分の活動を記録してみましょう。

＜仕事の記録＞

仕事をした売り場は？			
仕事の内容は？			
髪や服装など身だしなみを整えた	できた	少しできた	できなかった
「いらっしゃいませ」と明るく，元気な声でいえた	できた	少しできた	できなかった
「ありがとうございました」と感謝の気持ちを伝えることができた	できた	少しできた	できなかった
楽しかったこと			
たいへんだったこと			

(2) 発表会

自分と友だちの「仕事の記録」と，仕事をした感想を発表し合いましょう。あいさつが上手にできた人は，そのときの気持ちを伝えましょう。また，あいさつができなかった人は，できなかった理由を考えてみましょう。

学習のふり返り

★髪や服装を整えることができましたか。（◎　○　△）
★お客さまに元気にあいさつができましたか。（◎　○　△）
□仕事は，上手にできましたか。人の役に立つ喜びを実感できましたか。
●
＊学校や家で「おはようございます」「さようなら」など毎日のあいさつをしましょう。

お店の仕事をしよう！

11 高齢の方とお話ししよう！

学習のめあて
- 高齢者の特徴がわかる。
- 高齢者に対して思いやりの気持ちを持つ。

1 高齢者ってどんな人？

　年齢が65歳以上の人を，一般的に高齢者といいます。高齢者と中学生は，どのようなところがちがうのでしょうか。中学生は若くて元気ですが，年をとれば，だれでも高齢者になります。
　高齢になるにつれ，視力や聴力，筋力などからだの機能は低下しますが，経験から身についた知識や判断力はすぐれているといわれています。
　実際に高齢の方に会って，いっしょに話をしたり，遊んだりして，交流を深めてみましょう。

高齢者の特徴

視力や聴力，筋力の低下

知識・経験が豊富

2 高齢者が集まる施設に出かけよう

(1) 施設の訪問

高齢者の中には、からだの機能の低下などの理由から、施設に通っている人や施設で生活をする人もいます。ふだん身近に高齢の方がいる人も、いない人も、施設を訪問して、高齢の方といっしょに過ごしてみましょう。

(2) あいさつ・プレゼントの準備

施設での自己紹介のあいさつや、施設に持っていくプレゼントについて考えてみましょう。どんな自己紹介をすると、自分たちのことをよくわかってもらえるでしょうか。

高齢者の特徴を考えて、お手玉や折り紙、かるた、百人一首などで交流を深めましょう。合唱、合奏など、見て楽しんでもらえる出し物を用意してもよいですね。

施設へのプレゼント

いっしょに楽しめるお手玉や折り紙

合唱

3 どんな話や遊びを楽しむ？

(1) 教えてほしいこと

高齢者には，長い人生の中で身につけた，知恵や経験があります。どんなことを教えてほしいのか，考えてみましょう。

①自分と同じ中学生ぐらいのときのこと。
②学校を卒業して社会に出たときのこと。
③昔の生活のこと。
④今，楽しんでいること…など。

話を聞くときには，しっかりと相手の顔を見て，わかったことはうなずくなど，話をしやすいように気配りをしましょう。

昔の話を聞こう

楽しんでいることを聞こう

(2) 伝えたいこと，いっしょに楽しめること

学校で勉強していること，すきな遊びなど，自分自身の話もしてみましょう。自分が話すときは，聞き取りやすいように，はっきり話しましょう。また，プレゼントのお手玉や折り紙で遊んだり，歌を歌ったり，いっしょに楽しめることを考えておきましょう。

いっしょにお手玉をしよう

いっしょに歌おう

4 訪問をふり返って

(1) 感想を話し合おう

施設への訪問を終えて，高齢の方とかかわって楽しかったこと，またしてみたいと思うことをまとめましょう。

訪問の前と後で，高齢の方に対して思っていたこととちがったこと，感じたことをまとめて，みんなで話し合ってみましょう。

□どんな話を聞いたり，遊びをしたりしたかを書こう。

[　　　　　　　　　　　　　　　　　　　　　　　　　　　　]

□話を聞いたり遊びをしたりして，思ったこと，感じたことを書こう。

[　　　　　　　　　　　　　　　　　　　　　　　　　　　　]

□実際にかかわったときの高齢者の印象を書こう。

行く前 [　　　　　　　　　]　　行った後 [　　　　　　　　　]

(2) お礼の手紙を書こう

訪問先の施設の方，高齢の方へお礼の手紙を書きましょう。自分の感想も加えて，どんな手紙をもらうとうれしいか，手紙をもらう相手のことを考えて，読みやすい文字の大きさで書きましょう。

学習のふり返り

★高齢者の特徴がわかりましたか。（◎　○　△）
★高齢者に対して，思いやりの気持ちを持つことができましたか。
　　　　　　　　　　　　　　　　　　　　　（◎　○　△）
□高齢者といっしょに過ごして思ったことや，感じたことを書きましょう。
●
●

高齢の方とお話ししよう！

12 カレーライスをつくろう!

> **学習のめあて**
> ・カレーライスのつくり方がわかる。
> ・ほうちょうなどの調理器具を安全に使うことができる。

1 世界のカレー

　日本では，今や国民食といわれているカレーですが，世界各地にもその国に合わせたカレーがあります。世界各国では，どのようなカレーが食べられているでしょうか。

日本のカレー

インドのカレー

タイのカレー

2 カレーライスのつくり方

材料と道具を準備して、カレーライスをつくってみよう。

■材料（4人分）

カレー用の肉 200g　カレールウ 1/2箱
にんじん 小1本　水 700mL
じゃがいも 1個　油 12g（大さじ1）
たまねぎ 中1個　ご飯 お茶わん4杯分

■道具

ほうちょう　まな板
なべ　木べら
たまじゃくし　計量カップ

■つくり方（写真は8人分）

❶野菜は皮をむき、一口大の大きさに切る。

❷肉と切った野菜をなべに入れ、いためる。

❸水を加えて、ふっとうするまでにる。

❹ふっとうしたら、あくをとり、中火で20分間にこむ。

❺火をとめ、ルウを割り入れ、まぜながらとかす。

❻かきまぜながら、弱火で10分間にこむ。

安全

■ピーラーを安全に使おう

野菜の皮むきは、野菜の形がでこぼこしていなければ、ピーラーも使えます。ピーラーも刃物なので、まな板の上に野菜を置いて使うなど、刃に注意して使いましょう。

安全

■じゃがいもの芽は危険！

じゃがいもの芽や緑色の部分は、からだによくありません。皮をむいた後、ほうちょうの刃元で、くりぬくようにしっかりと取り除きましょう。

カレーライスをつくろう！

安全

ほうちょうの扱い方

ほうちょうは、調理するときに欠かせない道具の一つです。安全で正しい使い方を確認しましょう。

■運び方

安全のルール
ほうちょうを運ぶ前に、「ほうちょう、通ります！」とまわりの人に知らせます。聞こえた人はきちんと返事をしましょう。

↑刃先をふきんでつつみ、トレイなどのケースに入れて運ぶ。

■おき方

注意 不安定なところにおくと、足もとに落ちたりして危険！

↑平らな台の上など、安定したところにおく。

■渡し方

↑台の上におき、相手に刃先を向けないでわたす。

■持ち方

↑えの部分をしっかりにぎる。

■食品のおさえ方

↑指先を丸めておさえる。

注意 指先をのばすと、指先を切りやすくなって危険！

■切る姿勢

↑まな板の正面に立ち、右足を少し後ろにしてななめになる。

■洗い方

↑食器用洗ざいをつけたスポンジで、みね(背)側から洗う。

→

↑洗い流した後は、水気をとって、さびを防ぐ。

2合のご飯を炊いてみよう

❶ 米の量をはかる

○ 平らにすり切られている　× カップからあふれている

※米用の計量カップですり切り2杯分の米をはかる。
※米用の計量カップ2杯が2合分です。

❷ 水で洗う

水を入れて、ぬかやごみを洗い落とす。2・3回、水をかえながら洗う。

❸ 炊飯器にセットする

炊飯器の目盛りに合わせて水を入れ、炊飯ボタンをおす。

3　カレーライスをみんなで食べよう

　カレーができあがったら、食器に盛りつけて、みんなでつくったカレーライスを食べます。
　どんな食器に盛りつけるとよいでしょうか。
　準備ができたら、調理の中でうまくできたこと、がんばったことなどを話し合いながら、食べましょう。また、ほかにもどんな材料を使ったカレーライスができるか、意見を出し合ってみましょう。

学習のふり返り

★カレーライスのつくり方がわかりましたか。(◎　○　△)
★ほうちょうなどの調理器具を安全に使うことができましたか。(◎　○　△)
□ 調理の感想をみんなで発表してみましょう。また、ほうちょうなどの調理器具を安全に使うためのポイントについてまとめましょう。

13 小さな子どもと遊ぼう！

学習のめあて
- 子どもの成長を知り，子どもとの遊び方がわかる。
- 自分の成長をふり返る。

1 自分をふり返ろう

中学生になる前は，どこに通っていましたか。何をしていましたか。自分のこれまでのことをふり返ってみましょう。

おなかの中	誕生	3歳～6歳	6歳～12歳
誕生日は？		学校の名前は？	
年　月　日		保育園 幼稚園	小学校
おぼえていること（すきだったこと，楽しかったこと			

52

2 子どもの成長

(1) どんなふうに大きくなるのだろう

成長には個人差がありますが，順番もあります。

(2) 子どもはどんなことがすきだろう

自分が小さいときにすきだったことを思い出しましょう。

くるま遊び　つみ木　　ままごと　　トランプゲーム　　ドッジボール

12歳～15歳	15歳～18歳	成人（20歳～）
	通いたい学校は？	やりたい仕事は？
中学校		
大変だったことなど）	どんな大人になりたい？	

小さな子どもと遊ぼう！

3 子どもとのふれ合い

(1) 子どもとかかわるとき，気をつけることはなんだろう

❶ **安全で，動きやすい服装をする**
× ひもや金属のかざりがついた服
○ 走りやすいくつ

❷ **健康・衛生面に注意する**
× 長くてよごれたつめ
○ 長い髪はまとめてむすぶ

❸ **わかりやすく，ていねいなことばづかいで話す**
× 大声，乱暴な動き
○ しゃがんで，目線を合わせる

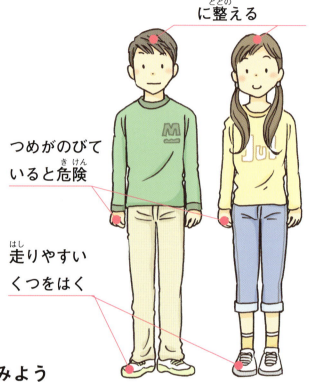

髪の毛は衛生的に整える
つめがのびていると危険
走りやすいくつをはく

(2) 絵本の読み聞かせをしてみよう

❶ **絵本の選び方**……絵本の裏表紙の対象年れいを参考にする。
❷ **絵本の持ち方**……左手で持ち，右手でページをめくる。
❸ **絵本の読み方**……絵本のテーマを考える。子どもが喜びそうなところを意識し，声にめりはりをつけて読む。

(3) 身近な素材で遊び道具をつくろう

❶ 新聞紙でつくってみよう

かぶと，つりざお，マント，紙飛行機…など

❷ 遊んでみよう

つくったおもちゃで，子どもと遊びましょう。新聞紙のような身近な素材でつくった遊び道具や，自然の中での遊びは，人と人を結びつけ，コミュニケーションの大切な役割を果たします。

4 体験したことをふり返ろう

絵本の読み聞かせや遊びをやってみて，どのようなことに気がつきましたか。話し合ってみましょう。

❶ 相手が喜んでくれたこと
❷ 自分が楽しかったこと
❸ むずかしかったこと

学習のふり返り

★ 乳幼児がどのように成長していくか，わかりましたか。（◎　○　△）
★ 小さい子どもにどのようにかかわればよいか，わかりましたか。
　　　　　　　　　　　　　　　　　　　　　　　（◎　○　△）
★ 自分の成長をふり返ることができましたか。（◎　○　△）

14 おしゃれをしよう！

学習のめあて
- おしゃれの基本を，確かめる。
- 自分のすきなおしゃれをして，友だちと見せ合う。

1 身だしなみを整えよう

みなさんには，お気に入りの服がありますか。お気に入りの服を着ると，気分がわくわくして，外に出たくなりますね。髪型，服，くつなどを自分で選ぶと，自分らしさを表現することができます。

しかし，どんなにすてきな服を着ていても，下着のシャツが出ていたり，服がよごれていたり，髪にねぐせがついていたりすると，おしゃれが台なしになってしまいます。清潔を保って，身だしなみを整えましょう。

これは，おしゃれの基本です。

基本をマスターして，たくさんおしゃれを楽しみましょう。

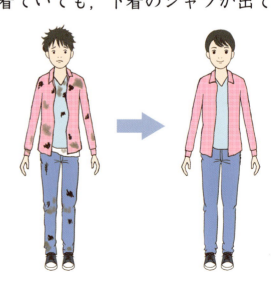

2 おしゃれの基本

(1) 顔の手入れをしよう

朝，起きたら顔を洗いましょう。洗顔料を使うと，よりきれいに洗うことができます。はだが，かさかさになりやすい人は，洗顔後に化粧水や保湿クリームをぬりましょう。

(2) 髪型を決めよう

髪のねぐせを直すときには，はねているところに根元から水をつけて，ドライヤーで乾かし，くしでときます。

髪が長い人はゴムでくくるなど，自分のすきな髪型にしてみましょう。

(3) 手足の手入れをしよう

手や足のつめは，のびすぎていませんか。つめ切りで，きれいに整えましょう。

空気が乾燥している冬には，手足が荒れることがあります。手足があれやすい人は，保湿クリームをぬりましょう。

(4) 服の準備をしよう

今日着る服を選んでみましょう。その服に合ったくつやぼうしを選べるとよいですね。シャツにしわがあるときは，アイロンをかけましょう。

おしゃれをしよう！

3 ＴＰＯとおしゃれ

(1)「ＴＰＯ」って何か，知っている？

　Ｔは時間，Ｐは場所，Ｏは場合。
　ときと場所，場合におうじて，服装などを選ぶという意味です。
　ＴＰＯにふさわしい服装は，季節や活動でちがいます。
　どんなに大すきな服を着て，おしゃれをがんばっても，ＴＰＯに合っていないと，せっかくのおしゃれが台なしになってしまいます。ＴＰＯに合った服装について，考えてみましょう。

(2)「ＴＰＯ」と自分に似合う服装

　ＴＰＯにふさわしい服装を選んだら，自分のからだのサイズや自分の年れいに合っているかどうかを確かめましょう。
　鏡を見て，自分でチェックしましょう。家族に，意見を聞いてみるのもよいですね。ほかの人のいろいろな意見も聞いて，自分に似合う服装を見つけましょう。似合う服装はたくさん見つかるはずです。

> どこが変ですか。
> 考えてみましょう。

4 おしゃれを楽しもう

(1) お気に入りの服装を紹介しよう

「お気に入りファッション」をレポートにまとめてみましょう。

どんなときに着た服ですか。どこへ出かけたときの服ですか。家でリラックスしているときの服ですか。

あなたのお気に入りの服装では、おすすめポイントは、どこですか。

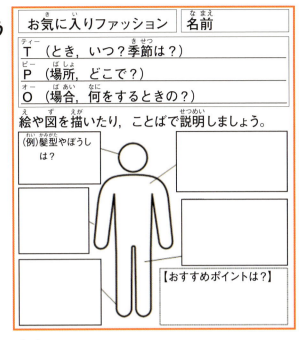

(2) お気に入りファッションを発表しよう

お気に入りの服を着て、発表会をしましょう。かっこよく歩いたり、ポーズを決めたりしましょう。

おたがいに、すてきなところを見つけて、発表し合いましょう。

もっとすてきになるためのポイントも、見つかるかもしれませんね。

みんなで、おしゃれを楽しみましょう。

学習のふり返り

★発表会の感想や、挑戦したいファッションを発表できましたか。
　　　　　　　　　　　　　　　　　　　　　（◎　○　△）

□おしゃれをするために大切なことは何か、わかったことを書いてみましょう。

●

おしゃれをしよう！

15 自分の将来を考えよう！

> **学習のめあて**
> ・自分のキャリアマップを作成する。
> ・自分の将来について，発表する。

プロサッカー選手とサポーター

書店の店員と買い物をする人

バスの運転手と乗客

調理師と食事をする人

1 将来の夢や目標

あなたは，どのような将来の夢や目標を持っていますか。

こうなりたい，こんなことをしてみたい。そんな思いを，はたらくことと，くらすことに分けて考えてみましょう。

はたらく自分

くらす自分

2 はたらく自分

(1) 学校生活で，はたらくことにつながることは何だろう

やりがいを感じたこと，がんばりたいこと，友だちと協力し合ったことなどの経験を思い出してみましょう。やりとげたこと，がんばったことを書きましょう。

[　　　　　　　　　　　　　　　　　　　　　　　　]

清掃活動

農作業

製品の販売

(2) 学校生活や家庭生活の中で，くらしに役立つことは何だろう

楽しかったこと，身のまわりの日課や習慣などの経験を思い出して考えましょう。ふだん，くり返し取り組んでいること，楽しみにしていることを書きましょう。

[　　　　　　　　　　　　　　　　　　　　　　　　]

身じたく

電車・バスに乗る

食事

自分の将来を考えよう！

3 キャリアマップ

あなたが考える将来を実現するために、今の生活がどのようにつながっていくでしょうか。

積み重ねた経験をキャリアといいます。自分のキャリアが、どのように役に立っていくのか、キャリアマップをつくりながら、考えてみましょう。

＜キャリアマップ（例）＞

年齢	はたらく自分	くらす自分
13歳（中学1年生）	・作業学習でよう業に取り組んだ。だんだん上手になった。	・バスケットボール部に入った。初めてシュートを決めた。
14歳（中学2年生）	・作業学習で農耕に取り組んだ。だいこんをたくさん収穫した。こんなに大きく育ったことに、おどろいた。	・学級での調理実習でピザをつくった。道具の使い方をおぼえた。みんなでピザパーティーをして楽しかった。
15歳（中学3年生）		
16歳（高校生）〜18歳		
19歳（社会人）〜20歳	・スーパーマーケットではたらきたい。	・バスケットボールでスペシャルオリンピックスをめざす。

4 自分の将来について発表する

キャリアマップをもとに，次の①と②についてまとめて，自分の将来について発表しましょう。

① 将来の「はたらく自分」と，今の自分とのかかわりをまとめる。
② 将来の「くらす自分」と，今の自分とのかかわりをまとめる。

(例) 将来〜したいのは，今までに〜をしたことがきっかけです。
　　 将来〜したいので，今の〜を生かしたいです。
　　 将来〜できるように，今から〜に挑戦したいです。

① 将来の「はたらく自分」

[　　　　　　　　　　　　　　　　　　　　　　　]

② 将来の「くらす自分」

[　　　　　　　　　　　　　　　　　　　　　　　]

学習のふり返り

★自分のキャリアマップを作成することができましたか。（◎ ○ △）
★自分の将来について発表することができましたか。（◎ ○ △）
□友だちとおたがいの発表の感想を話し合ってみましょう。

自分の将来を考えよう！ 63

■編集著作者
　　全国特別支援教育・知的障害教育研究会

■監修者
　　岩井 雄一　全国特別支援教育推進連盟理事長
　　半澤 嘉博　東京家政大学特任教授
　　明官　茂　明星大学常勤教授
　　渡邉 健治　東京学芸大学名誉教授

- ●表紙デザイン　タクトシステム株式会社
- ●本文デザイン　エイエム企画
- ●表紙イラスト　カモ
- ●本文イラスト　ありよしきなこ　磯村仁穂　㈲イラストメーカーズ
  　　　　　　　（祢津千和子・池和子・futaba）　カモ　キュービック
  　　　　　　　かわさき あつし　川野郁代　小鴨成夫　鈴木康代
  　　　　　　　たしま さとみ　長嶋道子　本山浩子　福井典子

共に生きる家庭科
自立を目指して

平成28年12月20日　発行
令和　6年　7月20日　第5刷

発　行　開隆堂出版株式会社
　　　　代表者　岩塚太郎
　　　　〒113-8608　東京都文京区向丘1-13-1
　　　　電話 03-5684-6116（編集）
　　　　http://www.kairyudo.co.jp/

発　売　開隆館出版販売株式会社
　　　　〒113-8608　東京都文京区向丘1-13-1
　　　　電話 03-5684-6118（販売）

印　刷　壮光舎印刷株式会社

　●本書を無断で複製することは著作権法違反となります。
　●乱丁本・落丁本はお取り替えいたします。